Lascia che Sia

Poesie

Grazia Favata

Youcanprint *Self-Publishing*

Titolo | Lascia che Sia
Autore | Grazia Favata

ISBN | 978-88-91102-29-4

Youcanprint Self-Publishing
Via Roma, 73 – 73039 Tricase (LE) – Italy
www.youcanprint.it
info@youcanprint.it
Facebook: facebook.com/youcanprint.it
Twitter: twitter.com/youcanprintit

Prefazione

L'opera prima di Grazia Favata bisogna intenderla come una raccolta che "non conosce gli effetti deleteri del tempo".

I suoi pensieri, tradotti in delicati versi, si mostrano liberi da ogni condizionamento metrico: perché sono concepiti come una esigenza interiore per "interpretare emozioni".

Tali emozioni costituiscono uno dei fili conduttori della sua poetica, sempre vigile e libera da possibili fantasticherie che non abbiano reale attinenza nell'economia dei vari testi.

In tale contesto le poesie slargano su variegate tematiche che la Favata coglie negli attimi più imprevisti, quando l'interiorità esige una indilazionabile liberazione.

I suoi temi, selezionati in un arco di tempo che sfiora i dieci anni, riescono a fornire una preziosa mappa che pare voglia esorcizzare alcuni suoi malesseri che possono apparire, a primo impatto, carichi di "mistero".

L'universo della Favata, apparentemente circoscritto "là dove affondano le sue radici", cioè la Sicilia, possiede e si carica di un più ampio respiro: si tratta di una prerogativa indispensabile nello svolgimento dell'opera poetica che, in ogni caso, transita sempre attraverso – come scrive la poetessa - "ogni oncia di pelle".

Dunque un verso pregnante e significante per stabilire il coinvolgimento totale fra l'io narrante e la poesia che assimila il proprio essere: totalmente, senza compromessi di natura estetica.

Ne consegue che in tale scenario i riferimenti di natura religiosa, il rapporto intimistico con Dio e, quindi, con il trascendente possiedono particolari valenze di primo piano nell'economia complessiva della raccolta, e con questa si legano: per rendere validi e veritieri i "misteri" che anche, in simili circostanze, si palesano evidenti.

Grazia Favata, fra le sue tematiche, affronta con particolare e responsabile sensibilità la natura: il mondo animale e quello vegetale; con brevi ma appropriati versi che denunciano, per esempio, gli spari dei cacciatori stolti. Oppure esalta l'armonia di un giunco che, nella solitudine e nell'immobilità di una palude, ondeggia per un lieve vento, fra i colori di un tramonto che arrossa ogni cosa del creato.

Questa particolare poesia ci riporta a riconsiderare una certa Arcadia sognante; oppure un particolare Romanticismo caratterizzato per una eterea concezione di vita fra luoghi da Eden: ormai così remoti nella pratica e nell'esistere dell'uomo contemporaneo.

Nella poesia scritta dalla Favata dal titolo "Luna", con un andamento che ci riporta ad una fase felice e prolifera dell'Ermetismo, risalta il verso "pelli calde di sole".

In questo contesto è condensata la genuina natura della poetessa che, anche in questo caso, spigola fra gli anfratti del mondo che la circonda, per coglierne le scaglie poetiche - intimistiche: una ulteriore testimonianza etica, di vita vissuta pur nel malessere epocale che la serra da presso.

Tutto, allora, si svolge nell'altalenante concatenazione dei vari elementi che scandiscono il suo tempo, la sua quotidianità, e pervenire ad una linea essenzializzata, priva di retorica e, nel contempo, viva di "messaggi": per consegnarli e coinvolgere i refrattari ad ogni forma espressiva che non sia dettata da deleteri e stantii utilitarismi cronachistici.

La fin troppo ed ancora non risolta questione razziale, "liberata da fantasie" di natura pseudo-sociale, trova anche posto nei suoi versi, con tocchi appena accennati ma densi di tensione.

Siamo, in tale contesto, al cospetto del trionfo della sintesi che si palesa nella sua silloge; di una sollecitazione in punta di penna da indirizzare fra le divergenti opinioni di natura sociale.

Si tratta di piccoli ma incommensurabili "miracoli" che la poesia della Favata riesce a compiere ed esprimere, mediante uno stile compositivo personale, che valica i confini del testo considerato nella sua organicità.

Ancora un verso: "… alla moschea del mio pensiero …" dove lo scopo della poetessa non è quello di meravigliare ma di lasciarsi meravigliare. Perché bisogna sempre attuare questo confronto con le parole riversate sulle pagine, che sgorgano limpide dall'intimo, per farsi torrente.

In tutto ciò Grazia Favata dimostra un compiacente candore, per il suo lievitare da intrepido aquilone sopra la nera gravità dell'atmosfera, seppur "addolcita da bianca chioma".

Gela, settembre 2002

Federico Hoefer

Opera già pubblicata nell'anno 2003.
Rispetto alla precedente edizione nessun cambiamento di particolare riguardo.

Una nota di novità è l'avere inserito il maiuscolo nelle parole chiave della poesia, per coglierne al primo sguardo l'essenza del messaggio.

DOPO L'ESTATE

Sul mare
coi colori rossi
di un tramonto
fuso al grigio
sfumato di verde
increspato
veduto da finestra
di piccola casa
sporgente tanto a bagnarsi
ho sognato la fusione
di Corpi
Spirito
Terra
Acque
tra scogli
sagomati
accarezzanti voglia
di mondi nuovi
così vicini
da toccare con mano.
Ora.

A GUGLIELMO

Il ricordo di Te
è legato al mare
immenso
infinito
come amore crudele.
Il ricordo di Te
è legato al Sole
illuminante
chioma bionda
pelle ambrata
con gocce di rugiada
di acqua e sale
perle
sul volto amato
sul sorriso maturo
di Giovane
Grande
Uomo
sprecato
alla vita.

ESISTERE E' UN VIAGGIO DI PURA FANTASIA

Amico
ascolta questa voce
rotta da incertezze
degne di ogni Essere
vagante per il mondo.
Non componimento
versi
opere
rime
solo Emozioni
liberate da Fantasie
per ciò che ci appartiene
e
forse
un giorno
potrà fa incontrare
uomo con uomo
animale con animale
bianco e nero
pianta con terra
in questo strano mondo
che
solo per una manciata di sole
possiamo avere.

È SOLO UN LATO POSIIVO?

Dopo il vagito
dopo l'infanzia
oltre l'adolescenza
maturità
vecchiaia
Amori
Figli
Nipoti
se tutto questo è
se tutto questo è stato
parliamone
Amico
e di quello che vuoi
perché
allora
Esistiamo.

DOMANDIAMOCI PERCHE'

Sola chi è
Sola perché
come stella polare
che sole non ha
e guarda sorelle
amate cader giù
Illusione di sogni
forse appagati
con genio di lampada
sempre agognata
di desideri infiniti e mai toccati.
E resti Sola
chiedendo perché
tutto l'oro del mondo
resta lontano
pur sempre
da te.

IL MARE

Ho visto il Mare
il colore suo cangiante
e Sole e nuvole
in un sfondo ardito e vivo.

Ho visto il Mare
e le Onde
ora più calme
bagnavano il mio corpo
disteso fra le Sabbie
molli, umide e bianche
un poco ruvide
di conchiglie sbriciolate
dal tempo
e piccoli sassi levigati.

Ho visto il Mare
ora che la stagione
in autunno
si veste di giacche pesanti
e la mia mente vola lì
a sognare il Mare.

FORSE DOMANI

Il tempo
si è perduto
nella memoria
nel ricordo
di tante
e tante
serate
assaporate
guardandosi
dentro
nelle parole
pronunciate
da occhi
incantati
certi che
dopo tanto trascorso
ancora
il giorno
l'anno
il secolo
Tuo
Mio
Nostro
deve venire
per dire che
l'oggi
il domani
impregnati di sogno
aspettano
per ricominciare.

MOVIOLA

Ora ho contato il tempo
dei miei Anni
Passati
Rincorsi
nella mente
negli attimi
ravvivati da mille momenti
rinvenuti
e passati alla rassegna
di moviola
in cortometraggio
di regista
al ciak
di riflettori e luci accese
alla ribalta del successo
e
subito dopo
spente
per la pellicola
ormai avvolta
entro la ruota
di un proiettore
stanco.

AL MIO DIO

Dio
non credo
nei miracoli
comprati
con preghiera
con rito
con ostia consacrata
con sacrificio
di quaresima.
Dio
credo in Te
perché Sei
nella gioia
nel dolore
nella ricchezza
nella povertà
nel desiderio
nell'umiltà
nel fiore
nell'atomica
in tutte le immensità
quelle che conosco
e quelle che non conosco.
Dio
Sei
nell'amico che ti parla
nel tuo cane che scodinzola
Sei
nel tendere un mano
e, subito dopo
far chiedere perché
perché Esisti
perché ci hai Creato.
Dio
Sei Immenso
Sei

e Ti ringrazio
con tutto il cuore
quello che mi hai Dato
che ci hai Dato
perché
frutto del tuo Amore.
Dio
è vero
Sei.

DESIDERIO

Castelli di Sabbia
costruiti in Deserti
di Vento
che innalza
polvere sui tuoi occhi
appannati di stanchezza
di deliri febbricitanti
in Oasi odoranti di profumi
e tende
stracolme di tappeti
e donne ondeggianti
danze antiche
di sette veli
trasparenti
in euforia di notti
che si ergono
alla moschea del mio Pensiero
l'ultimo
il più Intimo.

UNA VOCE DENTRO

Occhi neri
scrutano
dentro
l'oncia
la più piccola
del mio Essere
e domandano
sempre
per aspettare
conferme
per confondere
e rimescolare
dentro
le note infinite
di una Passione
che mai
e per sempre
sarà sopita.
Occhi
profondi
sicuri
sinceri
Scavano dentro
a domandare
ad insinuarsi
nel fantastico mondo
abbondante di misteri.
Occhi
colmi
e mai toccanti
il fondo
del mio oceano
cui è stata aspirata
una Goccia.

È FINITO L'ANNO

Oggi
ultimo dell'anno
del primo giorno
del primo amico
del primo amore
del primo pianto
e del più bel sorriso.

Oggi
ultimo dell'anno
dedicato a tutti voi
che
tremante la fiammella
della candela
ora accesa
vibrate dentro
con tutte le Emozioni
vissute
ma
ormai
Trascorse.

IL FIORE

Un Fiore appassisce
in vaso d'acqua
scurita dal tempo.

Un Fiore è nato
e poi morto
fiero di bellezza
con petalo colorato
ornato di stelo
lungo e bello.

Un Fiore
Vita breve
Dono
Gioia
Emozione
Passione.

Un Fiore
un augurio
un ricordo d'Amore
prezioso al cristallo
ora rimasto solo.

LUNA

Luna
hai poggiato
i tuoi raggi
sul Mare isolano
fondendoti
fra barche dondolanti
con acque scure
e con Pelli
calde di Sole.

A LINOSA

Fatevi baciare
dal Sole
di questa Isola
calda e Vulcanica
e
dopo
immergete
la pelle calda
nel nero Mare
che vi abbraccia.

365 NUOVI GIORNI

Prima è finito
subito dopo è iniziato
sconvolgendo le menti
correnti dentro
Paure vecchie
Aspettative nuove
e
forse
di Sempre.
È arrivato
Ora
durerà un anno
lungo come un secolo
breve come gioventù
vissuta spesso bene
e
qualche volta
così e così
ma lo stesso andata
come questo pensiero
carico di mistero
che rende in spasmo la speranza
di cambiamento
definitivo e vero.

A DORA

Strano modo
Amica mia
Viva
nel cuore
nell'Emozione
nel Ricordo
di viso magro
di spigolo con profilo
addolcito da bianca chioma
cornice di occhi pizzuti
e assai spesso allegri
di dire addio
e per Sempre.

A MANUELA

È il tuo affetto
Amica mia
che ha smosso
le vette delle mie montagne
già dormienti.
È la tua voce
che al telefono
ha l'effetto di venticello
che spira fresco
fra le arterie
facendo scorrere fluido il mio sangue.
È il tuo sguardo
o sorellina
che accende il calore familiare
quello che spesso manca
e, se c'è,
aizza la fiammella
che trema viva
accanto alla madia
dando calore
mentre fuori è freddo e pioggia.
È l'affetto
o Manuela che strappa pizzichi di cuore.
È il possesso che rende
più avido chi lo detiene.
Ed è paura pensar poter perderlo.
Amore- affetto- possesso- continuità.
Contrari: privazione- dolore- paura di non vederti
                                    e non averti più.
Se passassi dal primo posto al posto zero? Espulsa.
Ancora una volta morirebbe una manciata di cellule
                                    dentro di me.
Ancora una volta un ricordo sintomo di acuto dolore
Ancora.
Non voglio aver paura, la paura uccide, deteriora.
Non voglio né il primo, né il secondo, né l'ennesimo posto.

Non voglio competizioni nel tuo cuore.
Se non pretendo troppo, se ha l'aria del legittimo,
chiederei al tuo cuore la costanza di avvicinarsi al mio,
in sintonia, per i prossimi mille anni della nostra vita.
Accetta che io possa voler bene tutto di te e, se il tempo
                                        scorre sul serio,
i tuoi capelli bianchi, i tuoi acciacchi, le tue rughe,
                                        tanto quanto le mie.
Tesoro, ti dono questa certezza: Ci sarò.
Ci stringeremo forte, lacrime agli occhi,
cuori ansanti dalla tenerezza
dall'Affetto
Puro
sincero e vero.
Energia dell'Universo
Poesia
Pittura
Foto
Musica che,
come opera d'Arte,
non conosce gli effetti deleteri del Tempo,
nostro alleato,
che passa e impreziosisce.

UN TAVOLO PER DUE

È difficile
interpretare
emozioni
guardandosi
negli occhi
al di là di un tavolo
a due
di pizzeria
di città
mentre
musica in filodiffusione
e Pioggia
Abbondante
Insolita
di primi di maggio
incalza a ritmi
più veloci
dei battiti del cuore
e
forse imbarazzo
si cela tra fumo
di sigaretta
e il tovagliolo
che porti alle labbra
complice
dell'eloquente
silenzio
e del perché
appena accennato.

SOLO UN SOGNO

Ti ho sognato
incubo e gioia
mi tenevi stretta
mi prendevi
ora lasciavi
Aquilone
Libero
sciolto al sole
in colori tenui
audaci
che il vento
porta lontano
ancora di più
e la fine
orizzonte perduto
non arriva
ma è vicina
come nota
Melodia
che prende
il Cuore
e porta giù
e poi su
se solo Vuoi
più Su
sospesa
come foglia
dall'anima stancata.

FANTASIE

Ferma
ad aspettare
e corrono
come chiome di Cavalli
al Galoppo
invece
Fantasie
che abbracciano il mondo
uscendo fuori dai binari
del treno che deraglia
e corre libero
senza precostituite mete
come filo
che aquilone
porta lontano
accompagnando il vento
conquistando spazi
infinite praterie
riscaldate da un sole.

UN'EMOZIONE

Un'emozione
nasce da dentro
e si contorce
in giro
di spirale
che si stringe
alla gola.

LA CAMPAGNA

La campagna
muove al ritmo
dei venti
e giace al sole caldo
e spiega
a chi si ferma
il passo
lento e piano
del suo canto.

LA BELVA FEROCE

La belva feroce
insegue la preda
dilaniandone la carne
e poi, lorda di sangue
Sazia
Riposa
e Osserva l'uomo
essere umano
che mai ha ristoro.

LA FAVILLA

La favilla
piccola goccia
di fuoco
accende
di un istante
il buio.

GIOIA

Gioia
schizzi via
a tratti
tra le vene
pulsanti
che
gonfie
paiono
ostruirsi
per poi
Liberarsi
rilassate
dopo
Violento
Impulso.

LA MIA TERRA

Se dovessi parlar della mia Terra
là dove affondano le mie Radici
inizierei col Sole
che tutto inonda e scalda
e rende brulli e arsi i campi
e tutto tinge di sfumature ambrate.

Se dovessi parlar della mia Terra
vi direi del mare
quando si fonde col cielo
e crea cornice
alle sue Spiagge affollate
o quando culla vele pel diporto
o per lenir fatiche di pescatore
che tira su le reti di Abbondanze.

Se dovessi parlar della mia Terra
accennerei di Arti e Monumenti
di Templi greci
e Cattedrali arabo o normanne
testimonianze di dominazioni antiche
coi caratteri forti e contrastanti.

Se dovessi parlar della mia Terra
non potrei trascurar di dir della sua Gente
dei suoi pianti vecchi ereditati nel tempo
e mai dimenticati
forse mai consolati
di grandi occhi bruni
dagli sguardi penetranti
arditi come ai briganti
brucianti come Passione
la stessa che avvolge l'Isola
e non risparmia un cuore.

LA MIA PREGHIERA SEMPLICE

Dio
Sei
nella Grandezza
nelle piccole cose
nella Gioia dell'attimo
che mi appartiene
nella Consapevolezza
della mia Forza
e delle mie Debolezze
nella lacrima che scorre
confortata da un Sorriso
e l'immenso mi sublima
e il dolore mi ti avvicina
ed io
che non conosco preghiere
ti Amo.

IL VUOTO

Un Vuoto dentro
confuso
e dallo stesso emozioni
ricordi
immagini
evocate
con grido
che scuote stanza vuota
ora riempita.

E, solo ora, Realtà
Riflesse
in bagliori di cristallo
che specchiano
occhi perduti
in un Mondo
troppo grande
eterogeneo
dualisticamente scomposto
ora ricomposto.

E il niente
si immerge
in oceani
chiari
cristallini
sperdendosi
in pressioni oscure
esattamente opposte
dal Punto Zero
al punto terra
in disperato tentativo
di recuperare energie.

DELIRIO

Desiderarlo e sentirlo dentro
con dolce umido calore
che fa vibrare ogni oncia di pelle.
Potente vibra ogni colpo
che virile scuote il ventre
tondo e bianco
e i seni sono in altalena
di amore e baci audaci.
Come seta scorrono mani
in carezze ai turgidi fianchi.
Il ritmo continua
con sussulti di danza antica
su ara pagana
e i sospiri ansanti
scuotono il piacere
e zittiscono ogni suono intorno.
Piano
poi ora accelera
e in esplosone placa.

TRIBUNALE

Rosso
fibrilla e contrae
in colpi di accetta
che spacca il dolore
sempre più intenso
fino allo spasmo.
Morti
due occhi impasticcati
fino a placare Sensi
ed Emozioni
e solo Ricordi
rimpianti pesanti
e mai più potrà essere
gioia di vita
abbandonata come pena
che affonda a ricercare
radici di male
solo male
profondo
come mare
che l'ultima volta
bagnò corpi sommersi
di spiriti di sommozzatori
ai relitti
in abissi mai esplorati.

LA PIOGGIA

E fu così
la Pioggia scese
bagnò il suo volto
più giù i vestiti
e
ancora
la Pelle
tremante sotto
da un brivido
sottile
e di Piacere
misto agli odori
trasudati
dalla Terra
anch'essa bagnata
e resa Fertile.
E fu così
ancora altra nuvola
si aprì
e scese Pioggia
e scese forte
talmente forte
su Terra
e Corpo
che illanguidì.
Durò un minuto
dolce frazione
dolce emozione
e poi finì.

A TITO

Principe della Solitudine
quella creata
da uno stato
da un momento
da un ricordo
di famiglia
troppo lontano
ma ormai angosciato
da anni di Tristezza
quella che stringe il cuore
che fa piangere il Silenzio
di cento pareti
di mura antiche
rotto da danze
e ritmi di valzer lontani
con donne ornate
di mille sottovesti
moda di tempi ormai scordati
come gli affetti
quelli che ci legano
anime siamesi
staccate
da bisturi
di chirurgo maldestro
ma
solo un Rimpianto
tutti questi anni
trascorsi
e tanti
senza averti.

PRIMAVERA

È il tepore di Primavera
che insidia l'attesa
per l'incontro
e invade lo studio
si Insinua tra le carte
e arriva ardito
a scuotere
le pieghe
di Corpo
e vesti.
E l'ansia
Vogliosa
che tamburella
con ritmo
di dita nervose
vorrebbe
far scorrere
le lancette dell'ora
come sabbia
che si sovrappone
a sabbia
nella tormenta.

E' Lì

È lì
solo
è un giunco
ondeggia
dal debole vento
che soffia
piano
mentre
intorno
tutto
è immobile
come palude
piatta
pesante sotto
e i colori
si tingono
del sole
che
piano
tramonta
arrossando
mentre
si libra
leggero
in aria
pennuto
e
improvviso
Sparo
di cacciatore
Stolto
tutto Spezza.

Finito di stampare nel mese di Gennaio 2016
per conto di Youcanprint *Self - Publishing*